AF259597

L b 41 1913.

BERNARD, DE SAINTES,

REPRÉSENTANT DU PEUPLE,

A LA CONVENTION NATIONALE.

Ignorant les motifs de mon arrestation, j'attendois en silence la justice que me doit la convention nationale, lorsqu'il m'est parvenu un exemplaire d'une dénonciation souscrite contre moi par quelques citoyens de Dijon, et imprimée, distribuée et colportée avec une profusion étonnante dans un temps où, privé de ma liberté, il sembloit à mes dénonciateurs que je devois ignorer leur attaque et par conséquent être privé de la faculté de m'en défendre : quelle loyauté !

J'étois bien éloigné de penser que le malheur de quelques hommes donnât à d'autres le droit et la volonté d'opprimer les premiers ; cependant je vois plus aujourd'hui, je vois qu'il enhardit à la calomnie.

Convention nationale apprends à connoître les hommes de bien, les vrais amis de l'humanité et de la justice, les ennemis du sang et de l'anarchie, et très-certainement tu ne les trouveras pas parmi ces êtres qui voyant molester un individu qu'ils savent innocent, crient *tolle tolle*, au lieu de le défendre ou

A

de le plaindre; parmi ces êtres qui, sentant que l'affermissement de la république et la paix intérieure et extérieure dépendant principalement de l union dans la convention nationale et de la confiance qui lui est due, mettent tout en œuvre pour exciter les haines et les vengeances parmi les représentans du peuple et les livrer par là à toutes les calomnies de leurs ennemis éternels, les royalistes; tu ne les trouveras pas parmi les partisans des rois qui, ne pouvant corrompre ta vertu avec de l'or ou des sophismes, trompent le peuple et lui mettent le poignard à la main pour t'égorger; tu ne les trouveras pas parmi ceux qui te flattent pour te faire prendre le change sur leurs intentions perverses, qui mettent à profit jusqu'à ton enthousiasme pour la vertu, jusqu'à tes lois les plus sages; mais tu trouveras tes vrais amis parmi les républicains par principe et non par circonstance, parmi les fidèles observateurs des lois quelle que soit leur opinion personnelle, parce que c'est dans l'exécution ponctuelle de la loi pour et contre tous, qu'est la garantie, qu'est la sûreté, qu'est la véritable égalité; quelles que soient les lois, dit Montesquieu, il faut toujours les suivre et les regarder comme la conscience publique à laquelle celle des particuliers doit se conformer toujours. Tu trouveras tes véritables amis parmi ces hommes tranquilles qui, sans s'arroger aucune initiative, laissent paisiblement marcher ta justice, ne se lèvent qu'à ta voix et ne tirent l'épée que lorsque tu l'ordonnes pour le salut de la patrie.

Convention nationale, connois donc tes amis, rends leur ta confiance, ils en sont dignes; réunis toutes tes forces, atterre le royalisme, pulvérise l'anarchie, fais taire la vengeance et les passions : il ne te reste que cette victoire à remporter; elle est dign de toi, et tu auras pour toujours assuré le salut de ta patrie!

Sans doute nous avons tous commis des erreurs, parce que nous sommes des hommes; mais l'erreur n'est point un crime: il ne sauroit exister là où se trouve l'amour de la république, et cet amour, j'ose le dire, est dans tous nos cœurs.

Je reviens à la dénonciation dont j'ai à me défendre. Je l'avoue, je ne pensois pas avoir jamais pareille tâche à remplir, qnand on a la loi pour égide, on ne s'attend guère à être réduit à la défensive, moins encore à succomber.

Des hommes que je ne connois pas, puisque j'ignore jusqu'à leur nom, m'accusent d'avoir fait assassiner juridiquement Jean-Vincent Micaut, exprésident au parlement de Dijon, d'avoir suspendu son exécution pour y être présent, et d'avoir dilapidé ses effets.

Il m'en coûte de répondre à des atrocités de ce genre, mais j'y suis forcé, autant pour moi que pour l'honneur de mes commettans et de la convention nationale qui m'a honoré de sa confiance en me chargeant de faire exécuter ses décrets qui ne portoient pas que je sauverois des émigrés.

Représentans, voici le vrai. Micaut s'étant absenté, fut porté sur la liste des émigrés de son département; à son retour il fut arrêté et traduit à Luxeuil, département de la haute-Saone; ce n'étoit pas là le vœu de la loi; elle vouloit que chaque prévenu d'émigration fût conduit dans son département pour y être jugé par l'administration departementale sur le fait de l'émigration et par le tribunal criminel sur le genre de peine encourue; aussi le représentant Prost qui m'avoit précédé dans le département de la côte d'Or, avoit-il donné ordre au lieutenant de gendarmerie nationale, Vallée, d'aller chercher Micaut et de le conduire dans son département, pour y être jugé conformément à la loi; mais comme le représentant Prost fut rappelé dans le même temps et que je le remplaçai, le citoyen Vallée m'invita à renouveler l'ordre qu'il en avoit reçu, ce que je fis parce qu'il étoit conforme à la loi.

Micaut traduit au département de la côte d'Or demande à être conduit dans quelques communes et sections pour y réclamer des certificats de résidence; on le lui refuse: il s'adresse à moi; je suspens alors toute poursuite, et j'ordonne qu'il sera conduit là où il indiquera pour demander ces certificats; je prends de semblables arrêtés pour tous ceux qui étoient dans le même cas, ils sont exécutés.

Il y a plus, la société populaire de Sémur avoit arrêté de regarder comme suspects ou de chasser de son sein ceux qui attesteroient la résidence des aristocrates prévenus d'émigration; j'écris d'abord pour blâmer cet arrêté, je vas ensuite à cette société, je lui fais sentir avec quelque énergie combien cet arrêté est immoral et contraire à la justice; elle le rapporte aussitôt aux applaudissemens de tous ses membres et des citoyens des tribunes.

Est-ce donc là vouloir que des citoyens soient déclarés émigrés, s'ils ne le sont pas réellement? Est-ce là faire assassiner juridiquement? Non, ceux-là même qui ont osé l'écrire n'ont pu le penser.

Micaut, sans doute n'obtint pas ses certificats de résidence puisque, l'administration le déclara définitivement émigré et renvoya au tribunal criminel pour prononcer sur la peine, seule marche prescrite par la loi.

Plusieurs jours après, quelques citoyens se plaignirent à moi en pleine société populaire de ce que le tribunal criminel jugeoit avec précipitation des malheureux domestiques prévenus d'émigration, et refusoit de juger Micaut, parce que, disoit-on, il étoit plus riche.

Je demande ici à tous les hommes de bonne foi, ce que devoit dire un représentant en mission quand on lui porte des plaintes de cette nature à la face du peuple ?

Eh bien, je dis ce que tout homme bien pénétré de ses devoirs auroit dit, ce que la convention nationale n'a jamais cessé de dire ; j'observai que la justice devoit être égale pour tous, qu'il n'étoit pas permis aux juges d'user de protection envers quiconque sans devenir coupables ; que s'il étoit permis à la justice de protéger, ce seroit plutôt le pauvre que le riche, mais qu'elle ne devoit connoître aucune distinction parmi les hommes, et que chacun devoit être jugé à son tour d'après les mêmes lois : j'ajoutai que je me ferois rendre compte des motifs de la lenteur dont on se plaignoit, et que je rappellerois tout fonctionnaire public à son devoir, ce que je fis en écrivant au tribunal ; mais je ne me suis jamais avisé de dicter des jugemens ni d'influencer les opinions : j'ai même porté le scrupule et le respect pour la liberté des suffrages jusqu'à m'abstenir de paroître dans les lieux où s'administroit la justice, où délibéroient les fonctionnaires publics.

Les juges ont donc appliqué la peine prononcée par la loi aussi librement que les administrateurs avoient jugé le fait de l'émigration, et si quelqu'un d'eux avoient prononcé contrairement à la vérité ou à la loi, ceux-là seuls devroient être poursuivis ; les délits sont personnels.

C'est encore une calomnie atroce de dire que j'aie convoqué le tribunal pour faire *exécuter* Micaut, mis sur pied une force armée et assisté à cette exécution.

Non seulement on ne peut produire ni convocation de tribunal, ni réquisition de force armée à cet égard, mais il est de fait que je ne fus pas même prévenu du jugement, et que j'étois pendant cette exécution avec mon secrétaire et autres citoyens chez le citoyen Causse, imprimeur, qui demeure bien loin du lieu du suplice; j'invoque le témoignage de ces citoyens sur ce fait; qu'on juge actuellement de l'esprit qui a dirigé l'auteur de la dénonciation.

Le fait de dilapidation est du même genre; ce sont les autorités constituées qui m'ont logé dans la maison Micaut, le scellé étoit sur tous les effets, il est demeuré dans son entier, tous les meubles étoient inventoriés, pas un n'a été déplacé, le gardien a conservé toutes les clefs, il nous a fourni du vin, des bougies, du café, il en a fait un état au pied duquel je lui ai donné mon reçu lors de mon départ; ce reçu est entre ses mains, il doit le produire pour sa décharge : il ne porte que sur des objets de consommation journalière qui certes n'a point été extraordinaire, et quant au surplus, le gardien ne peut pas dire qu'il en ait été dérangé ni soustrait la valeur d'une épingle; je n'ai mis le pied, ni rien demandé dans aucune autre maison, et il seroit à désirer pour le bien de la république que le même ordre eût regné par-tout.

Je suis accusé d'être l'auteur du massacre juridique de Bruno-Clément Colmont, émigré.

C'est encore la loi qui va me défendre. L'administration du département de Saone et Loire me dénonça comme contraire à la loi de mars, un jugement rendu dans l'affaire de Colmont, je me fis représenter les pièces et la loi.

La loi veut que le fait de l'émigration soit jugé par l'administration du département, et que le tribunal criminel ne prononce que sur la peine.

L'administration de département avoit déclaré Colmont définitivement émigré et renvoyé au tribunal criminel pour l'application de la peine.

Le tribunal, au lieu d'examiner si la nature de l'émigration comportoit une peine, ou plutôt quelle peine la loi avoit prononcée dans ce cas, s'écarta de ses fonctions pour remplir celles des administrateurs : il n'examina et ne prononça que sur le fait de l'émigration, et déclara que Colmont n'étoit point émigré ; les pièces prouvent ce fait.

Je fus donc convaincu que la loi avoit été violée ; mon devoir ne me permettoit pas sans doute d'approuver cette violation ; j'anullai donc cette décision comme contraire à la loi que je rappelle dans mon arrêté, comme j'aurois annullé une condamnation en pareil cas, et renvoyai au tribunal criminel du département voisin pour juger d'après la loi, sans prononcer aucune peine contre les juges qui s'étoient écartés de la marche que la loi leur avoit tracée ; je les ai conservés dans leurs fonctions, malgré les plaintes réitérées qu'on m'a portées contre eux, malgré même un arrêté du représentant Javogue qui avoit détruit ce tribunal pour en créer un à Autun ; arrêté que le comité de salut public avoit à la vérité annullé, mais que sur la réclamation des citoyens d'Autun, il me renvoya avec pouvoir de le faire revivre, si je le jugeois à propos ; ce que je ne fis point.

Je me suis donc renfermé strictement dans la loi, et certes le tribunal criminel du département de la côte d'Or, à qui cette affaire fut renvoyée, ne dira pas que je l'en aie entretenu, jamais non jamais je n'ai dis à aucun juge de juger de telle ou telle manière, jamais je n'ai cumulé le pouvoir judiciaire avec le pouvoir législatif, et ce seroit une maxime bien étrange et bien dangereuse dans ses effets, que celle qui rendroit un législateur responsable des erreurs des tribunaux.

Il est inconcevable, au reste, qu'on me reproche la condamnation de quelques émigrés, quand j'ai pris des arrêtés pour leur donner le temps et les moyens d'obtenir leurs certificats de résidence ; quand on ne se plaint pas des administrations qui ont déclaré l'émigration certaine, quand on n'accuse aucune autorité, aucun individu d'avoir refusé d'attester la résidence, et quand enfin on ne représente aucune réclamation valable contre les décisions des tribunaux ; ce peu d'observations mettra, j'espere, le lecteur impartial dans le cas d'apprécier au juste le mérite de la dénonciation portée contre moi, plus d'un an après ma mission remplie, et quand je suis sous le pois d'un décret d'arrestasion.

Je suis encore accusé d'avoir inventé une conspiration dans le château de Dijon, pour envoyer trente citoyens au tribunal révolutionnaire *sur des preuves fausses et des dépositions mandées*, et d'avoir employé un de mes dignes amis pour faire l'enquête.

M'accuser d'une semblable invention, c'est heurter jusqu'à la vraisemblance, car je ne connoissois les détenus, ni les maisons de détention, et ce n'est ni point une conspiration de prisons qui me fut dénoncée, comme on l'avance, pour charger le tableau, mais des discours et des écrits tendans au rétablissement de la royauté, à l'avilissement de la

Convention nationale, à la destruction de la république, et certes bien d'autres à ma place, peut être
même mes dénonciateurs, se seroient contentés des
denonciations qui m'étoient portées pour envoyer les
dénoncés au tribunal révolutionnaire, peut etre même auroient-ils organisé près d'eux un tribunal révolutionnaire pour une plus prompte execution.

Mais comme j'avois toujours été éloigné de traduire
des citoyens à ce tribunal formidable, tellement que
pendant près de dix mois de mission antérieure dans
sept autres departemens, je n'y avois pas envoyé un
seul individu, malgré les occasions qu'on a su n'avoir
été que trop fréquentes; je pris un parti, j'ose le dire,
dicté par la prudence et la justice.

Je renvoyai les faits qui m'avoient été dénoncés,
à un juge de paix pour en informer, et quoi qu'on en
dise, je ne connoissois point ce juge de paix, je ne
lui indiquois ni témoins, ni prévenus, ils le furent
sans doute par les dénonciateurs ou par les autorités
constituées, et je ne m'en mêlois point.

L'information me fut apportée, elle étoit très-vo-
lumineuse et comprommettoit plus de citoyens qu'il
n'en fut envoyé au tribunal, car je n'y envoyai que
ceux que les dépositions désignoient comme les plus
coupables d'avoir provoqué le rétablissement de la
royauté et l'avilissement de la Convention nationale;
délit dont la loi, qui fut toujours ma boussole, n'at-
tribuoit la connoissance qu'au tribunal révolutionnaire; et je crois qu'à la vue des pièces et des nouvelles enquêtes que fit ce tribunal; il appela devant
lui des individus que je n'y avois point traduits.

Cette procédure prouve encore qu'on m'accuse à
tort d'avoir fait peser toute ma sévérité sur les riches;
car parmi les individus que je fus obligé de traduire

au tribunal révolutionnaire , il s'y trouva quelques malheureux perruquiers que j'avois précédemment fait mettre en liberté ; ce n'est donc qu'à la loi à qui j'ai obéi et non à la passion , à la haine ou à la faveur: et comment aurois-je pu être conduit par ces derniers sentimens ? je ne connoissois aucun des individus directement ou indirectement.

Je n'ai pas besoin d'ajouter que je n'ai point agi sans *preuves* : car outre qu'il ne me falloit que de fortes présomptions pour *citer* à un tribunal , c'est que mes dénonciateurs conviennent de l'existence des *preuves* en disant que j'ai agi d'après des *preuves fausses et des dépositions mandiées.*

Mais étoit-ce donc à moi à déclarer faux des faits attestés dans une enquête juridique ? Etoit-ce donc moi qui avois *mandié* ces dépositions , quand je ne connoissois pas les témoins ? étoit-ce devant moi que devoit s'instruire la procédure ? étois-je le tribunal déterminé par la loi ? la Convention nationale elle-même ne pouvoit pas l'être , comment pouvois-je le devenir ?

Mais encore où paroît-il que ces preuves fussent fausses, que les dépositions aient été mandiées? est-ce parce que la passion en fureur ose l'avancer qu'il faut le croire ? a-t-on attaqué par les voies légales , les jugemens rendus ? a-t-on cité les témoins comme faussaires devant les tribunaux ? les a-t-on fait déclarer imposteurs ? Non , et quand cela seroit , faudroit-il me faire supporter la peine d'un délit qui me seroit étranger ? et suffit-il donc d'être honoré de la confiance du peuple au point d'avoir été élu son représentant , pour être chargé et répondre du crime de tous les hommes ? C'est pourtant là , à le bien prendre , la maxime de mes dénonciateurs.

On doit sentir ici combien la position d'un représentant du peuple en mission est pénible et scabreuse ; on lui dénonce des émigrés non jugés ; s'il ne les fait pas juger, il est dénoncé comme les protégeant ; s'il les fait juger, il est dénoncé comme sanguinaire : on lui dénonce des complots contre-révolutionnaires ; s'il garde le silence, il est dénoncé comme complice ; s'il agit, il est dénoncé comme ami du sang. Et pourquoi ces dénonciations éternelles ? n'en doutez pas, représentans, c'est pour vous détruire, et empêcher la probité de venir siéger, après vous, dans le temple des lois.

Mais l'homme probe a devant lui un tableau consolant qu'il ne perd jamais de vue ; il sait que la Convention nationale est son juge, qu'elle n'a pour règle que la loi, pour principe la justice ; je n'ai vu que la loi, je n'ai suivi qu'elle, je suis tranquille.

Mal-à-propos me reproche-t-on encore la mort de l'émigré Richard ; cette mort m'est étrangère sous tous les points de vue ; car je n'ai jamais entendu parler de lui, je n'ai jamais écrit ni dit un mot le concernant, et certes ma présence à Dijon pendant l'instruction de son procès, ne doit pas plus même imputée à crime, que la présence de la Convention nationale à Paris pendant les travaux des tribunaux qui y siégent.

On me reproche un règlement fait pour les prisons, et moi je puis dire hautement aujourd'hui qu'il a été fait pour favoriser les détenus.

Qu'on se rappelle la rigueur d'alors, la défense des communications, l'impuissance de se procurer quelqu'aisance ; la taxe imposée à chaque détenu pour sa dépense journalière, etc., etc., qu'on se porte à cette époque, et que l'on dise comment il étoit possible de satisfaire aux désirs des détenus, de les mettre à même de communiquer entr'eux au-dedans, ce qu'on ne pouvoit permettre au dehors, puisqu'un décret le défendoit, comment on pouvoit leur faciliter les moyens de s'entr'aider, etc., sans s'exposer aux aboyemens, aux dénonciations des rigoristes, au blâme du gouvernement qui avoit tout pouvoir sur nous ? hébien ! je crus trouver ce moyen dans le pari que je pris.

J'obligeai les autorités constituées et particulièrement le comité municipal de Dijon, que je n'avois point institué et que je réformai, à me fournir l'état général des détenus pauvres arrêtés sous prétexte d'aristocratie, et les fis tous mettre en liberté ; mes dénonciateurs ne peuvent nier ce fait, et c'est de-là sans doute qu'ils ont tiré la fausse conséquence que je n'avois poursuivi que les riches ; et pourtant ce n'est pas moi qui les avois fait incarcerer, j'en ai au contraire fait mettre plusieurs en liberté, surtout le conseiller Quiraut qui fut réincarcéré après mon départ, et que j'ai fait remettre en liberté avec plusieurs autres, dès que j'ai été membre du comité de sûreté générale.

Les pauvres étant sortis des prisons, il n'y restoit donc plus que les riches, mon réglement leur permit de se procurer vin, lits et autres objets ; j'y ordonnai des chambrées jusqu'au nombre de vingt pour les repas, le même pôt, la même table pour qu'ils pussent vivre ensemble ; ce qui, comme je l'éprouve aujourd'hui, n'est pas une foible consolation pour des reclus, et si faisant des considérans à perte de vue sur l'égalité, j'y ajoutois l'obligation aux riches de partager leurs aisances avec les pauvres, cette obligation apparente fermoit la bouche aux rigoristes qu'elle éblouissoit, elle me mettoit à l'abri de leurs chicanes, et devenoit nulle pour les détenus par la sortie des pauvres ; aussi n'ai-je pas vu paroître de la part des détenus aucune réclamation sur ce réglement.

J'avoue que je n'aurois osé confier à personne les motifs secrets de ce réglement lorsque je le rédigeai, mais le temps est venu de pouvoir m'en glorifier sans crainte.

On porte l'impudeur jusqu'à dire que j'ai proposé à des femmes la liberté de leurs maris, sous des conditions que la décence empêche de rappeller.

Calomniateurs forcenés, nommez les femmes à qui j'ai fait ces abominables propositions, ou convenez que vous en avez puisé l'idée dans la noirceur de votre caractère.

Non, je ne crains pas qu'aucune femme puisse me soutenir en face que je lui ai tenu le moindre propos contraire à la décence ; j'avoue, par exemple, que je les recevois froidement, que quand elles m'avoient remis leurs pétitions, je leur défendois de revenir, parce que je ne prononçois pas sur des paroles, mais d'après des écrits ; j'ai même souvent dit, sans l'exécuter, que celles qui m'importuneroient le plus souvent de leur présence, seroient les dernières expédiees, car si j'avois passé mon temps à écouter tous les jours les plaintes verbales de deux ou trois cents femmes, on conçoit qu'il m'eût été impossible de prendre un seul arrêté, et par conséquent de rendre la justice à qui elle étoit due.

J'avoue encore que bien des personnes, même de mes amis m'ont reproché d'avoir l'abord très-froid, et dit que je perdois à ne pas être connu ; mais c'est là un défaut de conformation qui ne peut être réputé à crime ; l'extérieur de l'homme n'est pas son cœur, et l'un dédommage bien l'autre.

On me reproche des orgies et du faste , mais on s'abstient d'en produire la moindre preuve , et d'en designer un seul trait , et j'ose dire qu'il seroit impossible de le faire ; en tout cas, ces prétendues orgies et faste n'auroient guère coûté à la République, car le total de ma depense dans les départemens de Saone et Loire et Côte-d'Or pendant trois mois, ne s'est élevé qu'à environ cinq mille livres, y compris les frais d'impression , de poste , paiement des secrétaires , domestiques , etc. ; au reste , il existe auprès de la Convention , deux de mes anciens secretaires , les citoyens Vaquier et Février qui travaillent dans le comité des Inspecteurs , je les invite à rendre compte de mon prétendu goût pour le faste et les orgies , et de toute ma manière d'être et de faire.

La cuisinière que la municipalité m'avoit procurée, peut dire combien je lui recommandois l'économie ; elle peut encore attester que je me plaignis de la trop bonne qualité du pain qu'on me fournissoit , tandis que les citoyens des autres départemens manquoient, pour ainsi dire , du necessaire , et qu'alors on m'en fournit d'une qualité inférieure.

Je me rappelle seulement avoir dîné chez deux citoyens de Dijon, le citoyen Basile , receveur du district , homme recommandable , tant par sa moralité que par le malheureux sort de son frère , auquel il étoit singulièrement attaché , homme si digne de la confiance publique, que tous mes collegues l'ont conservé dans ses fonctions.

L'autre est le citoyen Gillequin Marchant, accusé de modérantisme , et pour cela, non membre de la société populaire. Il est à propos que je rapporte le hasard qui me fit souper chez lui.

Ce citoyen, que je ne connoissois pas, étoit ami de l'un de mes secrétaires ; il vint le prier à souper. Le maire et quelques autres fonctionnaires publics se trouvèrent alors dans mon cabinet ; il les invita tous ainsi que moi : ils refusèrent, assez sèchement ; je refusai aussi.

Lorsque le citoyen Cellequin fut sorti, je demandai au maire et autres le motif de leur refus ; ils répondirent qu'ils ne mangeoient point chez un *modéré*, qui ne songeoit qu'à son commerce, et n'avoit rien fait pour la révolution. Je leur demandai s'il étoit honnête homme, et si son seul défaut étoit d'être *modéré*. On me répondit qu'oui. Alors, je dis à mon secrétaire que je l'accompagnerois, et que je me ferois un vrai plaisir d'aller souper avec cet honnête *modéré*, ce que je fis. Les citoyens qui travailloient avec moi, se rappelleront facilement cette circonstance, car ils m'en ont souvent parlé depuis ; elle est très-propre à faire juger sainement de quel œil je voyois les *modérés* probes, et s'il étoit facile de donner une meilleure leçon, à leur égard, à ceux qui les rejettoient de leur société, et, certes ! ce fait qui ne semble rien aujourd'hui, n'étoit pas sans quelque mérite dans le lieu et à l'époque où il s'est passé.

J'ai, disent mes dénonciateurs, démoralisé le peuple, en recevant favorablement les plaintes de quelques écoliers, au préjudice de leur supérieur. Voilà un genre de démoralisation que je ne connoissois pas.

Les écoliers, étayés même de quelques fonctionnaires publics, vinrent se plaindre de ce qu'on ne vouloit pas leur permettre d'assister à la société populaire. Je fis venir le supérieur, et l'invitai verbalement à les y conduire les jours de vacation, et la société leur assigna une tribune particulière, pour que le supérieur ne perdît pas ses élèves de vue ; voilà comment j'ai démoralisé.

Au reste, mes dénonciateurs ne sont pas conséquens avec eux-mêmes, lorsqu'ils m'accusent d'avoir démoralisé le peuple ; car ils commencent par convenir que les discours que j'ai prononcés dans le temple de la raison, étoient fondés sur la morale et la vertu, et dès qu'ils sont forcés d'en faire l'éloge, il faut bien reconnoître que le peuple a qui je parlois, n'a pas reçu de mauvaises leçons de ma part.

Il est encore faux que j'aie jamais requis ni gardé les effets provenans des églises ; jai laissé, à cet égard, la plus grande liberté aux citoyens de les conserver ou de les offrir à la patrie par-tout où j'ai été, et ceux qui ont été donnés, ont tous été remis aux administrations ou receveurs de district, qui ont dû en rendre compte.

Enfin, je ne sais pourquoi l'on m'a accolé à Léonard Bourdon, car je n'ai jamais été en mission avec lui ; c'est même le représentant Prost qui lui a succédé à Dijon, et moi à celui-ci.

Lorsque je suis arrivé à Dijon, les mesures de rigueur étoient prises, les maisons de détention étoient remplies, et si l'on veut se faire représenter l'état des détenus, lors de mon arrivée, et le comparer avec celui existant à l'époque de ma sortie, on y trouvera une différence sensible, car j'ai signé plus de deux cents libertés, et presque point d'arrestation ; et si je n'ai pas diminué davantage le nombre des détenus à Dijon, c'est que la majeure partie venoit des départemens voisins, pour lesquels je n'avois plus de pouvoir.

Cependant, on sait combien il falloit être circonspect alors, à accorder des mises en liberté qui étoient presque toujours blâmées, tandis qu'on étoit comme assuré de recueillir des applaudissemens, lorsqu'on prononçoit des arrestations. Il n'est pas un Français qui ne soit convaincu de cette vérité, et, certes ! ceux qui étoient portés, par caractère, à exercer des actes rigoureux, avoient un champ bien vaste pour se satisfaire. Loin de-là, je me suis plus d'une fois exposé en agissant en sens inverse. Je n'ai pu aller dans le district de Charolles, département de Saone et Loire; mais, prévenu par les autorités constituées qu'un nommé Lapallu, agent du comité de sûreté générale, y avoit fait une foule d'arrestations arbitraires, et frappé des citoyens vertueux, sous prétexte qu'ils étoient riches, je pris sur moi d'ordonner la mise en liberté de tous ces citoyens, sans exception. je fis plus : je dénonçai au comité de sûreté générale les vexations de son agent, qui, ayant été convaincu d'autres faits, a été traduit au tribunal révolutionnaire. Voilà comment j'ai été le partisan de la tyrannie et l'agent des tyrans; voilà comment j'ai poursuivi les hommes dont tout le crime étoit d'avoir de la fortune.

Chaque fois qu'on m'a dénoncé un délit, une violation de la loi, commis par des patriotes en faveur, j'ai sevi contre eux comme contre ceux qu'on appeloit aristocrates. En voici un exemple. Le comité révolutionnaire de Louhans, fier de sa réputation de patriotisme exclusif, s'étoit avisé de destituer le citoyen Larcher de ses fonctions de juge au tribunal de district, et de nommer à sa place ; non-seulement je rétablis le citoyen Larcher dans ses fonctions, mais encore je destituai tous les membres du comité révolutionnaire qui s'étoient permis d'outre-passer leurs pouvoirs , et quelques démarches qu'ils aient pu faire, aidés de la société populaire pour être réintégres , je m'y suis toujours opposé; j'ai même su , par un député du département de Saone et Loire, que ces individus destitués étoient venus à Paris pour me dénoncer, mais que la députation de ce département qui reconnoissoit, sans doute , la légalité de ma conduite , leur avoit conseillé de n'en rien faire Ce fait peut encore prouver combien je protégeois peu les anarchistes , et ceux qui mettoient leur volonté à la place de la loi , quelque part que je les rencontrasse.

Je n'ai jamais poursuivi les hommes accusés seulement de fédéralisme ; je me suis borné à exécuter la loi qui m'ordonnoit de les remplacer , mais je n'ai point tiré à la rigueur celle qui les rangeoit dans la classe des suspects , et prescrivoit leur arrestation ; j'ai même fait tout ce qui pouvoit dépendre de moi pour l'empêcher , car j'ai donné aux uns un écrit signé de moi , dans lequel je déclarois qu'ils ne devoient point être incarcérés par le fait de la destitution que j'avois prononcée; (l'ex-procureur-général-syndic du département de la Côte - d'Or est de ce nombre ; il a été arrêté depuis, ainsi que plusieurs autres , par les comités révolutionnaires de leurs communes , et dès que j'ai été membre du comité de sûreté générale , après le 9 thermidor , j'ai proposé et obtenu leur liberté). Quant à plusieurs autres dont la loi avoit ordonné la destitution , j'ai ajouté dans mes arrêtés , pour les sauver de l'arrestation , qu'ils ne seroient considérés que comme *remplacés*, et non pas *destitués*, et en cela , je crois avoir servi l'humanité et m'être exposé à être blâmé , plutôt pour avoir voulu adoucir la rigueur de la loi, que cherché à en outre-passer les limites; j'ai même dit plusieurs fois, que si j'avois prévu la loi qui prescrivoit l'arrestation des destitués, j'aurois prononcé beaucoup moins de destitutions, et c'etoit là une vérité bien sentie.

Quoique la création des tribunaux révolutionnaires fût alors très à la mode, je n'en ai établi aucun. La nécessité, par rapport à la sortie fréquente du numéraire, me fit organiser, seulement dans le département du Mont-Terrible, une *commission provisoire*, composée de cinq juges, mais chargée de juger d'après les lois ordinaires, de proportionner les peines aux délits, et non pas de ne prononcer que l'absolution ou la mort, comme les tribunaux révolutionnaires; nouvelle preuve que je n'étois pas partisan de leur sanguinaire allure.

J'avois composé cette commission de citoyens choisis dans les départemens voisins, et tous, à l'expiration de leurs travaux, ont reçu de celui du Mont-terrible, où ils ont opéré, les certificats les plus honorables, portant sur-tout que, quoique les tribunaux révolutionnaires eussent couvert la France de deuil, cette commission n'avoit fait régner que la loi et la justice, mérité la confiance de tous les citoyens du département, emporté leurs regrets et fait chérir la révolution.

Le comité de législation a vu ces certificats: il a lui-même, dans des arrêtés, rendu une justice éclatante à quelques uns de ces juges persecutés, comme moi, par l'intrigue et la calomnie.

Que l'on cite un seul des tribunaux extraordinaires établis en France, qui ait su se concilier une estime aussi générale et aussi méritée! et que l'on juge si j'ai cherché à confier l'exercice de la justice à des mains impures !

Puisqu'on me force à parler de moi, je citerai ici un autre fait qui donnera une nouvelle preuve de mon éloignement à poursuivre les riches, même coupables d'après la loi, lorsque je ne leur voyois pas une intention de malfaire.

La veuve Gléresse, noble, et la plus riche de Porentrui, m'avoit été dénoncée par écrit par son propre fils, comme coupable d'avoir recelé des effets d'émigrés pour les leur faire passer. La même denonciation avoit été portée aux autorités constituées qui, attendu le grand âge de cette femme, l'avoient laissée en arrestation chez elle.

Je me trouvai logé chez l'état-major, dans la maison de cette veuve; elle vint me voir ; sa vieillesse et son air de bonhomie imposoient le respect : je lui fis part de la dénonciation portée contre elle; voici sa réponse, je ne l'ai jamais oubliée :

,, Hé mon dieu ! citoyen représentant ; ce n'est pas
,, moi qui étois maîtresse ici, c'est mon fils qui con-
,, noît les lois, parce qu'il les lit toutes; c'est lui qui a
,, reçu ces meubles, et qui m'a dit que ce n'étoit pas
,, pour long-temps, *parce qu'ils devoient bientôt passer*
,, *de l'autre côté*, et je n'ai pas cru que c'étoit un
,, mal. ,,

Cette réponse fut faite devant le général Greffe qui commandoit à Porentrui, le commissaire des guerres et plusieurs citoyens. Je haussai les épaules, de pitié pour la malheureuse septuagenaire qui venoit de s'exprimer de la sorte; et n'écoutant que le cri de ma conscience , je dis de suite : cette femme ne peut être coupable aux yeux de la raison et de la saine justice ; mais son fils , qui lui a tendu le piége pour devenir son dénonciateur , est un monstre ; je prononce la liberté de la mère , et le fils demeurera en arrestation ; ce qui fut exécuté , à la satisfaction de tous les hommes justes.

Notez que le fils , qui demeuroît avec sa mère , étoit ci-devant marquis , âgé au moins de quarante ans , qui jouoit le patriotisme le plus exalté , et avoit su par là s'attirer la protection de la société populaire qui ne lui servit de rien ; un fourbe qui avoit cherché à faire émigrer un de ses oncles par la frayeur , comptant recueillir sa succession , et poursuivoit sa mère dans le même dessein : peut-être le monstre jouit actuellement de sa liberté ; peut-être il m'a soulevé des dénonciateurs , et je suis dans les fers ! Hommes justes , qui avez le pouvoir de les briser , pouvez-vous tarder plus long-temps à le faire !

J'ai été envoyé dans le Jura , dans le temps le plus orageux , dans le temps où un décret de la Convention nationale déclaroit ce département en état de rebellion , où la Convention nationale avoit été induite à reconnoître des fédéralistes et à les frapper ; j'y ai rétabli la paix sans baïonnettes , sans faire répandre une goutte de sang , sans incarcérer , sans envoyer qui que ce soit au tribunal révolutionnaire.

J'ai été antérieurement , pendant cinq mois , dans les départemens des deux Charentes , je n'y ai fait incarcérer personne , quoique la proximité de la Vendée faisoit suspecter bien du monde ; je puis dire , au contraire , que j'y ai servi d'appui à mes ennemis personnels , qui ont cessé de l'être dès qu'ils m'ont connu. Qu'on interroge tout mon département, on se convaincra que je n'en impose point ; et pour en donner la preuve , je joindrai à ce mémoire copie d'une lettre que je n'ai point sollicitée , et que le conseil-général de ma commune , chef-lieu de département , vient d'écrire aux comités de gouvernement et à la Convention nationale , et qu'il m'a fait passer avec un exemplaire de la dénonciation à laquelle je réponds , et que sans cela je ne connoîtrois pas , malgré la profusion avec laquelle on l'a répandue jusques dans toutes les communes de mon département , où , certes , elle ne fera pas fortune , parce que mon caractère et mes principes y sont connus , et que mes concitoyens sont justes , et que nulle puissance ne peut m'enlever leur estime et leur confiance , tant qu'il ne sera pas démontré que j'ai mérité de les perdre.

J'ai conquis le Mont-Béliard , je l'ai francisé , personne n'y a peri , j'ai soulagé un malheureux dont la maison fut incendiee ; je n'y ai laissé aucun détenu , et mon collègue Sévestre a continué dans leurs fonctions presque tous les fonctionnaires publics que j'y avois nommés.

Si dans quelques districts j'ai mal choisi les fonctionnaires publics , ce n'est pas ma faute , je ne les connoissois pas ; le peuple me les indiquoit dans les sociétés populaires , qui étoient toutes puissantes alors.

S'il m'est arrivé d'écrire quelques lettres dans un style peu convenable aujourd'hui , il faut convenir qu'il étoit à l'ordre du jour d'alors ; et si l'on veut compulser les bulletins de la Convention nationale , on se convaincra que je n'en ai point été l'inventeur, et que je ne suivois bien des hommes que de très-loin ; au reste, des lettres ne sont point des arrêtés ; *dire* n'est point *faire*, et grace à la chûte des tyrans et au retour de la raison, le style de l'exagération est banni pour jamais.

On sait que le tyran Robespierre me détestoit, qu'il faisoit fabriquer des dénonciations contre moi pour me perdre, qu'il me fit rappeler peu de jours avant sa chûte, que j'eus le courage de m'élever contre son abominable loi de prairial, et que ses menaces ne me firent point rétracter.

Après l'heureuse défaite du triumvirat, je fus nommé membre du comité de sûreté générale ; mes collègues Legendre, Montmaillou, Goupilleau (de Fontenai), André Dumont, Clauzel et autres, savent combien et avec quel zèle j'y ai travaillé, nuit et jour, à ouvrir les portes des prisons aux malheureux détenus.

Et cependant il paroît que j'ai été arrêté comme membre des comités de l'ancien gouvernement avant le 9 thermidor, tandis que j'ai demeuré treize mois en mission avant cette époque mémorable. C'est par erreur, sans doute, que mon collègue Gouly joignit mon nom à celui des membres des anciens comités, car il ne fut rien dit contre moi, et mon absence, dans ce moment, éluda ma justification ; mais j'augure trop bien de la loyauté et de la justice de ce collègue pour ne pas croire qu'en reconnoissant cette erreur il deviendra un de mes plus zélés défenseurs, car je ne lui ai jamais fourni l'occasion de me poursuivre.

Enfin, je n'ai jamais été d'aucune faction, j'ai toujours détesté les insurrections populaires ; je défie qu'on m'ait entendu dire un mot contraire à ce sentiment ; je n'ai point caché mon opinion contre la constitution de 1793, qui sanctionnoit, provoquoit même ces insurrections. J'aime la paix, je ne connois de guide que la loi, je respecte la Convention nationale, je n'ai jamais prêché que l'obéissance à ses décrets, et j'ai prêché d'exemple, même pour le décret qui m'a mis en arrestation, car j'en fus prévenu, par un journal, pendant que je faisois transporter mes meubles à mon nouveau logement ; je pouvois me sauver, mais je laissai tous mes effets à l'abandon pour me rendre de suite au comité de sûreté générale, par obéissance pour la loi.

Je n'ai jamais attaqué mes collègues, je ne leur ai adressé aucune injure, j'ai gémi sur nos dissentions que je n'ai attribuées qu'à nos ennemis communs du dehors qui ont tout mis en œuvre depuis le commencement de notre session pour jeter la defiance parmi nous, et nous faire suspecter réciproquement de tendre vers le royalisme, systême qui ne se propage encore que trop aujourd'hui.

Je ne connois personne à Paris, on ne m'a vu ni dans les groupes, ni dans aucun lieu public ; j'ai toujours vécu isolé, même de mes collègues, au milieu de mes enfans que j'idolâtre, à qui je tiens lieu de tout puisqu'ils n'ont plus de mère ; ils se désolent, comme moi, de notre séparation ; mais la justice veut qu'elle ne soit pas longue. Elle finira bientôt.

BERNARD.

Suit la copie de la lettre écrite par le conseil gé-

néral de la commune de Saintes, à la Convention
nationale, aux comités de législation et de sûreté
générale.

» Représentans,

» Nous avons reçu de la commune de Dijon une
» dénonciation qui a lieu de nous étonner par les
» couleurs étranges sous lesquelles on y dépeint
» votre collègue Bernard, de Saintes. Quoi! le
» même Bernard, qui dans les premières années
» de la révolution a été parmi nous un modèle de
» prudence, qui toujours s'est empressé d'étouffer
» les germes de dissention dans les momens d'ef-
» fervescence populaire, qui pendant sa mission à
» Saintes n'a exercé que des actes d'humanité,
» de modération, qui par ses biensfaits a emporté
» les regrets de ses concitoyens; Bernard qui ne crai-
» gnit pas, lorsque Marat étoit encore redoutable,
» de nous dire ici hautement qu'il étoit un monstre
» sanguinaire, et d'exciter contre lui toute notre
» indignation (1), Bernard qui au 9 thermidor nous
» a témoigné la plus grande horreur pour le systême
» de sang en aplaudissant à la chûte de Robespierre
» avec cette energie qui caractérise la haine de la
» tyrannie et l'amour de la justice ! Bernard seroit

---

(1) J'ai toujours conservé un si profond mépris pour Marat,
qu'obligé, comme président de la Convention nationale, de
prononcer un discours lors de son entrée au Panthéon, je n'ai
point fait imprimer ce discours, malgré l'usage contraire en pareil
cas, et pour mieux le faire oublier je n'ai pas même livré à l'impression celui que je prononçai le même jour à nos braves frères
d'armes, en leur distribuant les drapeaux envoyés aux armées.

,, celui qui hors de son pays auroit fait répandre le
,, sang innocent, dépravé les mœurs, désolé les fa-
,, milles, commis des dilapidations, etc. Quel con-
,, traste !

,, Le récit des crimes qui lui sont imputés, nous
,, a tous affligés. Sans doute il nous deviendroit aussi
,, odieux qu'il nous fut cher, s'il étoit coupable;
,, mais nous aimons à croire qu'il ne l'est pas, qu'il
,, le prouvera d'une manière éclatante, qu'il ne sera
,, pas long-temps privé de la liberté, lui qui pour
,, elle a fait tant de généreux sacrifices; qu'il sera
,, bientôt rendu à ses commettans, à ses concitoyens
,, qui le plaignent et ne cesseront de le plaindre
,, tant qu'il ne sera qu'accusé ,,.

Suivent les signatures qui certes ne sont pas celles
des ennemis de la représentation nationale, de la
justice et de l'humanité.

Pour copie conforme, *BERNARD*.

Nota. Je ne connois point d'autres dénonciations
contre moi que celle à laquelle j'ai répondu. Si mon
arrestation en a fait éclore quelques nouvelles, j'en
demande la communication pour pouvoir me défendre; la Convention nationale ne peut pas vouloir prolonger ma captivité ou me juger sans m'en-
tendre; elle vient par un décret d'ordre du jour
motivé, de consacrer un principe plus conforme à
la justice; il est sans doute dans le cœur de tous
les membres de ses comités de s'y conformer.

J'observe encore que si cet écrit n'a pas tout l'ordre et l'étendue qui lui seroient nécessaires, c'est que je suis ici sans autre ressource que ma mémoire et la certitude de mon innocence.

De la maison de détention des Quatre-Nations, le 15 Messidor, an 3e de la République une et indivisible.

BERNARD.

De l'Imprimerie d'HACQUART, rue de Lille, Nᵒ. 478.